Erica Natale

Freundliches Helldunkel

Gedichte 2010–2016

Wiesenburg Verlag

Umschlagbild:
Valentin Leo: *Grüner Wirbelwind*

Bibliografische Information der Deutschen Nationalbibliothek:

Die Deutsche Nationalbibliothek verzeichnet diese Publikation
in der Deutschen Nationalbibliografie;
detaillierte bibliografische Daten sind im Internet
über https://dnb.de abrufbar.

1. Auflage 2020

Wiesenburg Verlag
Waldsiedlung 6, 97714 Oerlenbach
www.wiesenburgverlag.com

Umschlaggestaltung: Brigitte Duhra, Drachhausen, www.duhra.de

© Wiesenburg Verlag

ISBN 978-3-95632-995-1

Graue Vorzeiten

Ende des Winters

Die Taschen voller Schnee
geht der alte Vagabund davon,
er spricht: „Ich komme wieder."
In seinem weißen Mund
fehlen schon einige Zapfen.

Zwischen den Gehöften
lungern mager die Hunde,
und am Horizont verklingt
eine altbekannte Melodie.

Kirschblüte

Kirschblüte, weiß
im klaren Aprillicht,
mein Kompass zeigt nach Norden
in kalte Winterweiten,
Schlittenspuren verlieren sich
am erloschenen Horizont.

Asche jenseitiger Inseln
will sich auf die Blüten legen,
der Frühling, eine Jahreszeit
zum Sterben schön genug
oder zum grünen Drachenschlaf
unter rußigen Vulkanen.

Starnberger See

Verzweifelte Begeisterung
für plötzliche Schneeflocken
im gelben Laternenlicht.

Unendlich viele, wirbelnd,
sich verirrend auf die Lippen,
die vor kurzem noch ungeküsst.

Meine Brille immer nutzloser
unter der leichten Kapuze
des dunklen Stoffmantels.

Die Knöpfe besitze ich noch,
ich betrachte sie im Glasbehälter
auf dem alten Holztisch.

Hotel Kaiserin Elisabeth

Du willst dein Leben inszenieren,
sagtest du in jenem Winter,
jemand sah dich auf die Reise gehen
mit einem blauen Koffer als Requisit,
darin lagen ein paar alte Pullover
und viel Leidenschaft für mich.

Und so waren wir ganz übermütig,
du verstelltest eine Golfplatzfahne,
stelltest sie oben auf den Hügel,
als wären wir bei der Mondlandung
oder auf dem Gipfel des Mount Everest,
ein Augenblick historischer Bedeutung.

Zurück im Hotel unsere Schuhe
zum ersten Mal nebeneinander,
ein ganzes Doppelbett für Allerlei,
die anderen wie seltsame Wesen
und wir ein verschworenes Duo,
zwei Nächte unter einer Decke.

Selbstgespräche

Ich wohne in alten Zimmern,
ich bestelle mir Bücher,
die es nicht mehr gibt.

Was ist nur aus mir geworden,
mein Stern hing doch so hoch
und meine Wünsche brannten.

Nun führe ich Selbstgespräche
vor meiner Fensterscheibe
und warte darauf, dass
alle Bäume von selbst umfallen.

Trüber Tag

Wir wissen nichts mehr
vom vergangenen Sonnenschein,
die Fenster sehn schwarz.

All das Konfetti verstreut
der Blütenbaum im Garten,
von besseren Zeiten träumend.

Unter den Wolken der Berg
sein stummes Wort erhebend,
aus Luftruinen Flüstergeister,
fernher mit mir verwandt.

Alles kreist um meinen Turm,
wo die Fledermäuse im Schlaf
die Welt auf den Kopf stellen.

Spaziergang

Zweigbögen in der Luft,
wölben sich über den Köpfen,
so schwerelos und elegisch
wie eine gotische Kathedrale.

Frühlingswald unsagbar grün,
es gibt kein Wort dafür,
es müsste grüner sein als grün
und dazu weich und zärtlich
wie eine Liebesumarmung.

Der Himmel bleibt weiß,
eine noch unbeschriebene Fläche,
dahinein wachsen die Blätter,
sprießen und verzetteln sich
in den verbleibenden Nischen.

Haushalt

In den Küchenecken,
wo die kleinen Verzweiflungen
kauern, zwischen den Scherben
zerbrochener Gläser …

Dazu allerlei Polstergetier,
auf dem kaputten Sofa residierend.

Und die lächerlichen Gespenster,
die im Wohnzimmer stecken,
zwischen Buch und Buch,
ihr zwergenhafter Aufschrei,
wenn man ihnen die Augen aussticht
beim Staubwischen …

Die Pflanzen wachsen
und schweigen.

Obersee

Sonne auf dem Wasser,
die kleinen Glitzermomente
im Leben, Lichtsterne,
die von Welle zu Welle springen,
dein Fahrrad neben meinem,
rosa und blau,
flüchtige Farbimpressionen,
ein Schwan läuft auf Grund,
die Kinder schaukeln,
aber eigentlich geschieht nichts,
was man aufschreiben müsste.

Wohnblöcke

In diesem Urwald aus Beton
nichts als Fenster, Menschen
mit rechteckigen Köpfen,
Spechte mit Sturzhelmen
und stillgelegten Holzpickeln.

Häuser brüsten sich mit Balkonen,
die Zeit wartet auf Blumenrot.

Auf dem Sofa gedeiht die Liebe,
lass die Maulwürfe an die Decke klopfen
und den Nachbarn in Abneigung wühlen.

Tagebuch einer Ankunft

Alltagslied

Tag für Tag
alles im Fluss
süßes Brot der Frühe
die Dauer im Wechsel
Piano und Forte
auf und ab in Wellen
eine natürliche Melodie.

Die Saiten klingen
ich bin nur ein kleiner Punkt
im Universum und doch
schwinge ich mit.

Vita nuova

Unbekanntes Wesen
aus meinem Bauch
wimpernlos, verklebte Augen
schnappt nach der Nahrung
voll wüster Sauglust
rosig und leicht
als sie dich holten
nach Fruchtwasser riechend
jetzt bin ich da
schienst du zu sagen
lächelnd auf meinem Bauch
nachts klammerst du dich
an meine Schulter
alle sagen du bist zufrieden
und ich bin es auch.

Schlafstunden

Ein kleiner Mensch
am Anfang seines Lebens
über ihm hängt gelb
der Mond und klingt
guten Abend gut' Nacht
der Atem geht leise
fast zu leise
die Fäustchen ballt er
mit unbewusster Kraft
um ihn ein sanftes Gewebe
aus Liebe und Erwartung
wann wachst du wieder auf.

Mein Kind

Zauber des Beginns
so rasch verflogen
die neugeborenen Tage
im milchigen Licht
der Frühling so hell
wie noch nie im Leben
die Nächte so nah
an deinem raschen Atem
kleiner süßer Saugmund
warmes Bündel
zarter Menschenglieder
das Ohr geschmiegt
ans Herz der Welt
die Augen halb geschlossen
wissen mehr als man glaubt.

Ankunft

Wie ein Windhundbaby
kräftig und feingliedrig
mein Wort filigran
der Frust mit der Brust
im rastlosen Hospital
weiße Nächte ohne Zeit
das Wochenbett zu Hause
in wehen Gedanken
melancholisch die Tage
die Fülle, die Lust
Tränen, unendliche Freude
die Macht der Hormone
siegreich über den Schmerz
der Weg voll Willenskraft
deinen Durst zu löschen
nach Milch und Liebe.

Dada 2011

Süßes Baby, kleiner Dadaist,
legt Zuckerwürfel in den Kochtopf
und wirft Jonglierbälle
in die Toilette, den Radiergummi
steckt er in die Blumenvase,
jedes Ding lebendig, alles ist dada
und alles interessant: kein
schönerer Unfug auf der Welt.

Putto

Putto schreit nach Milch
trotzt den mütterlichen Geboten
fällt fast die Treppe hinunter
in die dunkle Kellerhöhle.

Wangen wie rosa Wölkchen
Fingerlein mit scharfen Nägeln
Liebesbisse in mein Kinn.

Du schliefst in meinem Bauch
und wolltest nicht heraus
bald wirst du davonfliegen
in die weite Welt.

Visitenkarte

Hungriges Kind
isst meine Visitenkarte auf,
verleiht mir eine neue Identität
als Mutter, bekennende Rabenmutter
mit eingesparten Zitzen, stattdessen
Milchmischerin, Fläschchen-Jongleurin
mit Lizenz für den Vaporisator,
glücklich sind wir trotzdem
und munter gedeihend.

Erste Leidenschaft

Kleinkind im Bücherfieber
zieht einen um den anderen
Band aus dem Regal
bekundet Freude am gelben Duden
wird von Thomas Mann getroffen
kämpft mit mir um Heinrich Heine
liebt die optimistischen Sprüche
aus dem Marienkäferbüchlein
was wären wir ohne Literatur
wir Geisteskinder, Papiergeburten
was wären wir ohne Bildung
ohne das Spiel der Gedanken.

Auszug der Bücher

Bleibe allein
mit dem kleinen Ödipus
bin mit den Sternen verheiratet
die am Himmel leuchten
und dem ewigen Kirschbaum
im grünen Moospelz
die Bücher zogen teils fort
in entferntere Gegenden
und mit ihnen das weinrote Sofa
das als unsinkbar galt
all das merkwürdige Glück
verglüht in den Hinterhöfen
auf den Schränken liegt Staub
und mag nicht aufhören
seine Geschichten zu erzählen.

Ehemals: Liebe

Wo ist nur die Zeit geblieben
als du noch in mir warst
ferne Seelengegend, Schwangerschaft
mit einer winzigen Kaulquappe im Leib
namens Embryo, angehender Mensch
geplant oder ungeplant
eine reine Bauchentscheidung
Matratzenbegegnungen im Altbau
nacktes, verstaubtes Parkett
wir halb entkommenen Kinder
mit romantischen Erwartungen
plötzlich vom Alltag überrascht
das Leben ist ganz anders
wenn man es wirklich lebt.

Schnuller auf dem Asphalt

Ein verlorener Schnuller
liegt unentdeckt in der Ecke
grüßt aus vergessenem Winkel
leichtherzig von einer Kinderhand
auf den Gehweg fallengelassen
zwischen Kippen und Kaugummis
von der Physik überlistet
den schmutzigen Gesetzen des Planeten
armseliges, ausgesaugtes Etwas
aus hellgelber Plastik
warum flatterst du nicht
in den blauen Himmel hinauf
und entfliehst wie ein Schmetterling
blindlings in leichtem Flug?

Unbeschriebene Blätter

Ferne

Sanftes Morgengrauen
vor dem Regentag,
Baumwipfel so fern,
wie sehn ich mich nach Ruhe,
nach Friedhof und Zypressen,
sind es wirklich Zypressen
oder träume ich es nur ...
Verlangen nach wärmender Ferne,
deine Augen, zwei zarte Oliven:
ein Gruß aus dem Süden.

Gruß an Horaz

Ich möchte
ein glücklicher Mensch sein,
Schmerz schlaf ein
auf deinem sanften Ruhekissen,
lass die Menschen schreien
nach leeren Bedürfnissen
und vergeblicher Liebe,
sei weise wie eine Lateinschülerin
und bleib dir selbst genug
auf deinem erfundenen,
mehr oder weniger gesunden
Fleckchen Gartenerde.

Kirschbaum, für mich

Blühender Kirschbaum
Kosmos der Bienen und Vögel
dem Alltag enthoben
ein vergängliches Paradies
aus unbeschriebenen Blättern
vor wechselhaftem Himmel
weiß und schwarz und blau
drohende Regenschauer
helle Hoffnungsstrahlen
durch schmutzige Fensterscheiben
meine Küche im Kirschbaum
mein Leben in den Wolken.

Ende des Tages

Kleine weiße Blätter
lautlos herabschwebend
wie frühlingshafter Schnee
immer, immer mehr
auf Pfützen schwimmend
Bettlaken für Wasserflöhe
Flöße für die Ameisen
meine Terrasse gedeiht
als ein stilles Biotop
ich mache den Vorhang zu
bis morgen kleine Welt
jeden Tag ein neuer Versuch
mein Leben im Reagenzglas
unter den Blicken fremder Riesen.

Postkarte aus Turin

Berge über der Großstadt
Riesen mit weißen Adern
flammender Sonnenuntergang
die Farben in meinem Inneren
namenlos, ein altes Buch
verschollen auf dem Dachboden
Bilder früherer Jahre
verträumt und unbefragt
mein Alltag zu sehr schwarz-weiß
in Worten und in Meinungen
noch einmal Kind sein
noch einmal lebendig sein
im kleinen bunten Universum
der Spielsachen und Stofftiere
lasst mich einfach leben
so wie ich möchte
schließt die Schubladen zu
Leben heißt auch Sehnsucht
nach der Sprache, die ich meine
meine eigene nenne
nach den Farben in meinem Inneren
die dort immer noch wohnen
so oft man sie auch übertüncht.

Vergangene Jugend

In meinen Adern fließt
der Regen, kühl und gluckernd
dunkelgrün die Blätter schatten
vor gelblich fahlem Himmel
es wird wieder Nacht
in diesem Sommer, diesem Leben
all die Schmetterlinge fort
deren Hauch ich spürte
die ich auf südlicher Insel sah
aufsteigend mit staubigen Flügeln
rostig rot aus der Trockenheit
eines morgendlich toten Tals.

Selbstzeugnis

Im späten August
es raunen die Zeichen
ich, wer ich bin
eine Dichterin ohne Papier
bewohne ein Kartenhaus
aus unbezifferter Schrift
Nachtluft, feucht und kühl
mein Fenster in die Welt
steht offen ins Dunkle
der Garten schweigt.

Große Elegie

Herbst kommt übers Land
man vergammelt die Zeit
in der Schaukel, den Blick
in den Bäumen, vom Wind gekämmt
das bleiche Haar des Sommers
Himmelsbläue, kühl und klar.

Hüte dich vor den Pilzen
sie wachsen jäh empor
greifen aus weicher Erde
nach Licht, nach Luft
überschwemmen totes Holz
mit heimlichen Sprüchen
voll modriger Schadenfreude.

Unlängst begann alles noch
nun zieht Herbst übers Land
mit seinen Vogelscharen
der Zug führt nach Süden
lässt Tage voll Sorge zurück
in den vier Wänden, vier Winden
verläuft sich der Sand.

Gartenstunden zeitigen
Bilder aus früheren Tagen
es senkt sich die Grube
hinunter ins Schattenreich
die Beeren, ein dunkles Versprechen
die Lippen voll Saft
saugen an vergangener Lust.

Maulwurfgleichnis

Wie lieblich sind doch
die Wohnungen der Maulwürfe
ein geheimes System
aus Gängen, aus Fluchten
wohl denen im Dunkeln
die keine Sonne brauchen
einander die Schaufeln halten
nach getaner Arbeit
müde und freundlich
die Schatten spielen lassen
an der Höhlenwand
das Leben jenseits der Radieschen
so fern, so unerreicht
wie sanft das Alltagsglück
auf dem eigenen Sofa
es ist alles nur Kino
die Lasten ziehen vorbei
wie lieblich das Leben
so zufrieden, so blind.

Pomeriggio

Meine Zehen voller Erde
spüren dem Sommer nach
die Ameisen und Asseln
unter dem roten Ziegelstein
weilen noch im Urlaub
irgendwo oben ein Flugzeug
eine weiße Spur, gemalt
in mein Gedächtnis
die Elstern mischen sich ein
sie wurden nicht gefragt
Sarkasmus oder sanfte Ironie
in der Nebenstraße das Schild
ans leere Tor befestigt:
Freiheit aushalten.

Ballade

Mondschein hell
auf der Mauer gaukelnd
Zauber dunkler Schatten
Rosenblätter grauer Rausch
es duftet der Lavendel
im Traum nach Mittelmeer.

Mondschein hell
hinter dem Kirschbaum
lockt die Kinder zu sich
die Flöhe schlafwandeln
auf der staubigen Matratze
tanzt es wie verrückt.

Kleine Freuden

Braune, kühle Kastanie
im warmen Händchen
ein glänzender Schatz
herbstliche Kinderspiele
Eicheln und Tannenzapfen
schaukeln im Eimer.

Der Burghügel im Sand
flüchtig und schön
die täglichen Abenteuer
Bollerwagen ruckelt
zum Knallerbsenstrauch
es dunkelt an der Mauer
die Augen leuchten.

In der Welt sein

Regen

Sonntagsregen wäscht
die Haut der Statuen blank,
nass glänzen die Dächer
unter den Flügeln der Tauben,
im Gestern verschwimmt die Welt.

Rote Ziegelhauben auf den Häusern,
ich erfinde mir eine südliche Stadt
voller Wäscheleinen und Hinterhöfen,
Antennen für den höheren Empfang,
Regen vermag meinen Durst
nach Wahrheit nicht zu löschen,
füllt nur alte Wunden neu
mit Unwägbarkeiten aller Art,
ein trüber Fluss mein Leben entlang,
am Ende versickernd im Untergrund.

Föhnwind

Dezembertage ohne Schnee,
aus Alpenland fegt Wind
das Straßenpflaster leer,
erzählt von dunkler Kindheit
am Fuße der Blauberge,
Zweige brechen ab und fallen
in das lange Gartental.

Die alten Bäume so schwarz
in verwunschener Schlucht,
Zweige krachen trocken,
Leben brechen ab und fallen
in die Tiefe der Jahre,
Menschen ziehn vorüber,
schauen ins schlafende Haus,
Dornröschen wacht auf
und sehnt sich nach Cappuccino.

Zwischenzeit

Das Karussell steht still
du und ich
wir sitzen auf den Stufen
jemand poliert das Metall
und wechselt Glühbirnen aus
eine einzelne Wasserlache
ohne Spiegelung, ohne Bild
man schweigt sich aus
an diesem verhangenen Tag
atmet tiefer den Moment
profaner Poesie
in wenigen Minuten
rotiert die Erde wieder
die Bratwürste werden winseln
du und ich
wir gehen nach Hause.

Muttergefühl

Die Liebe zwischen uns
irgendwie sachlich fließend
Schallwellen von Mund zu Mund
erfrischend wie Musik
in abgezählten Silben
ich Spielgefährtin, Übervogel
nehme dich unter meine Fittiche
abends vor dem Eulenflug
und pflücke dir die Sterne
von den Fensterscheiben
nein, du bist nicht ich
du schläfst anders
dein Meer wird größer sein
und die Herkunft entfernter
wir leben im Haus auf Zeit
ich schenke dir eine Sprache
und ein Viertel Welt
mit Sandkasten und Lachen.

Spielplatz Welt

Kinder in Regenanzügen
wie zur Mondlandung bereit
durch den Sand strebend
erste Schritte, große Schritte
was wollt ihr wissen
mit euren fragenden Augen?

Menschlein, wo wollt ihr hin
mit Eimer und Schaufel
ihr grabt euch eine Grube
mit sprachloser Energie
errichtet turmhoch ein Babylon
zur weiteren Zerstörung.

Dein und Mein verwirrend
dem Nächsten Sand ins Auge
wie liebe ich euch
ihr kleinen Ungeheuer
aus Leidenschaft gezeugt
für Tages Arbeit geboren.

Siegfriedplatz

Alle Kinder fort
es wiegt sich unsichtbar
in der Schaukel der Wind
halbbewusst träumen
die kalten, rötlichen Mauern.

Die Kinder alle fort
kleine Füße, Stolperstein
ein zerbrochenes Förmchen
zur Hälfte bedeckt vom Sand
Traktor, Ente, Dinosaurier
was mag es sein
vergraben im körnigen Erdreich
durch kleine Hände rann
die flüchtige Zeit des Nachmittags.

Alle Kinder fortgelaufen
es spiegelt sich regengrau
in der Rutsche der Himmel
Tropfen fällt auf Tropfen
eine kränkliche Taube am Rand
sucht ein Dach, eine Krume.

All die Kinder flogen fort
auf dem Platz spielt die Leere
mit Unrat und Plastiktüten
die Nächte ranken sich
um vergängliche Tage
es ziehen weiter von Ort zu Ort
Wolken, Schatten und Wind.

Morgendämmerung

Ein Akkord aus Grautönen
bricht sich an der Tagesschwelle
im Crescendo des Lichts
die Unterhaltungen der Vögel
verhalten noch und übend
man spielt Fangen im Dickicht
verfängt sich zwischen den Astlinien
am Himmel zeichnet sich
ein Netz aus Flügelspuren
Amseltumult und Krähenflug
das Konzert beginnt
mit einer kleinen Aufregung.

Schneeschmelze

Alles Weiß zieht sich zurück
an verschattete Ufer
hinterlässt sein Testament
aus Kieseln, gekräuselten Linien
es ist wie März bei Ebbe
im Herzen ein blinder Fleck
der Schneemann in Büßerhaltung
ein kleiner Mensch aus Flocken
bückt sich und bückt sich
hebt doch nichts auf
die Augen fallen aus den Höhlen
als seien es nur Kastanien
und die Nase ein Zapfen
ein paar Steine, das letzte Hemd
Niobe weint um den Winter
um die eine gestohlene Stunde
gräbt die Eisnägel in die Erde
die Becher voller Frühling
und die Glöckchen läuten.

Osterspaziergang

Was im eisigen Morgen
so glitzerte im Himmelblau
weggeweht vom Wind
der letzte Zug fuhr gestern
in die ferne Winterzeit
auf den Gleisen wächst Gras
der leere Parkplatz, Scherben
ein herrenloses Automobil
wir Schneevögel aus dem Süden
ohne faradayschen Käfig
wir schauen den Bussen nach
mit ihren staubigen Akkordeons
und ziehen durch alte Straßen
unser Zwiegespräch mündet
in das junge Gold des Lichts.

Frühling

Veilchen erwachen
aus violetten Winterträumen
ich schaue in den Himmel
Vogelzug und Wolkenschar
wir benennen die Welt neu
die Dinge aus Fensterglas
so durchsichtig wie Gespenster
mit rostroten Blumenketten
das Spiel mit den Schlüsseln
am Eingang zum Nächsten
die Haare mehlweiß
wie der jüngste Schnee
die Schiffe im Licht
segeln unter blinder Flagge
die Furchen ohne Richtung
um den kühlen blauen Mund.

Ineffabile

Weiße Blüten
hängen im Kirschbaum
wie ausgeflockte Winterstille
die Vögel schweigen
auf grünen Mooskissen
ein Baum mit Ästen
unbetretbar wie eine Wolke
fliegen unmöglich und sprechen
der Mund voll Ruhe
in so viel Schönheit.

Kirschbaumruhe

Grün schweigt sich aus
vor meinem Fenster
im Regenrauschen Kirschbaumruhe
durch die Blätter fährt der Wind
mit feuchter Hand an rauer Borke
Flechten, schwere Moosteppiche
mit Schneckenaugen in die Welt
an diesem Tag der grauen Nässe
der Widerhall der Stadt
atmet noch aus Muschelohren
nichts als Wasser
in meinem müden Spiegelbild.

Reif werden

Früchte wie grüne Steine
ihr Aufprall klingt hart
meine Kirschen zielen in den Kern
kleine Geschosse ins Herz
künstliche Augen für Blindschleichen
auf dem Küchentisch die Brille
mit Blick in Urwaldgipfel
die Sätze wie Schlingpflanzen
im Gespräch mit der eigenen Mutter
Rapunzel wirft die Lianen aus
und doch beißt niemand an
der Klingelzug möchte stumm bleiben
in diesem Haus voll Sprache.

Erkundungen

Neue Zeit

Gänseblümchen
in kleinen Kolonien
friedliche Inseln des Widerstandes
gegen Rasenmähers Vormacht
schöne Köpfchen
mit dialektischen Gedanken
er liebt mich er liebt mich nicht
schütteln die Hälse
treiben im grünen Meer
als könnten sie schwimmen
schließen die weißen Wimpern
im Abendrot.

Spielplatz

Umzäuntes Gebiet
das Ich und das Du
unter Linden an riesiger Pappel
der Sand voll Flaum und Blüten
hinter kühler Schattenmauer
Fahrbahnen aus Asphalt
Bus oder Betonmischer
wer ist am Zug
es ist alles nur Gleichnis
wir Mütter ohne Schlüssel
der Philosoph flüchtig
verschollen im anderen Leben
graue Steine zu den Wurzeln
wir klettern über Herzen
der Weg durch den Tunnel
hinauf zum klassischen Haus.

Dunkle Fahrt

Mein schwarzes Bett
mit dem verzierten Gitter
und den pflanzlichen Laken
wo Stoff und Form sich verbinden
zu nächtlicher Einsamkeit
ein kleiner Kobold springt umher
in meiner gestrandeten Gondel
der Morgen noch ohne Licht
und die Träume schweigen
nur die Schildkröten im Panzer
und der Rüssel-Elephant
reden immerfort.

Lesen

Kirschen der Freiheit
weit oben am Baum
verzaubert auf dem Papier
das Wort der Amseln
mit ihren bunten Schnäbeln
und dem schwarzen Gefieder
in den Schaukästen singend
eine Welt aus Pappe.

Regentag

Kirschen im Regen, rote
Tupfer im dunkelgrünen Laub
braune Flecken auf der Schale
Libellen wie kleine Helikopter
Käfer mit nassen Mänteln
das Schiff auf den Pfützen
treibt wie herrenloses Holz
Abreise nach Kythera entfällt
das Bett wird Straßenbahn
wir fahren bis zur Endhaltestelle
und dann ins Leben zurück.

Später Rückweg

Sommerwind am Herbstsaum
zwischen Abgasen und Grün
eine Ahnung von Salzluft
aus entfernteren Meertagen
jene unerhörte Bläue
nach und nach verblassend
und dann die weiße Gischt
aufleuchtend in den Wellen
das Stadtkind an der Ampel
die schmerzende Spange
in den straffgezogenen Zöpfen
Kniestrümpfe, zu enge Schuhe
Sehnsucht nach Nirgendwo
im anrollenden Autolärm.

Alter Baum

Auf der Zunge eine Erinnerung
von Apfelsaft und Herbst
als die Frucht noch reifte
das Innere nun unbewohnt
eine Höhle für Eichhörnchen
auf der Suche nach Nüssen
ein Tanz auf nackter Haut
Holzklänge längst abgezählt
zerfallen der rosig-grüne Flaum
Verwandlung und kein Ende
Objekt mit hundert Ästen
eine vergängliche Skulptur
nickend im milden Wind.

Hinterer Garten

Ein Haus aus drei Farben
eingegrenzt von den Schneebeeren
und den zerplatzten Träumen
die Birnen hängen immer noch
wie fleischige Dickmadams
wortreich in den Wassermund
im dunkelgrünen Labyrinth
verführerische Perlen der Eibe
die Vögel im Dickicht
Maschendraht und Ziegelstein
etwas mehr Licht
wo die Wäsche trocknet
und die Spinne ihre Fäden zieht.

Holunder

Dunkel und schwer
in buschigen Trauben
mit reifer Tinte
Punkteschrift
am Herbsthimmel.

Begegnung

Klares Rot des Weins
aufstrebend in der Wolkenfläche
ein greifbares Fensterbild
leise wachsend die Pfeile
die zackige Trias der Blätter
um den schlummernden Baum
eine Ahnung von Vergangenem
die Äpfel rollten fort
aus dem Keller gepresste Stimmen
blinde Augen hinter dem Efeu
zwischen den Zweigen immer noch
wie aus dem Nichts Girlanden
Holundertrauben umgarnend
die Hände voller Licht.

Bismarckstraße

Schattenbaum, Rosen
zwischen den Kieselsteinen
Bucheckern, eine hölzerne Bank
huschten da noch Lazerten
im sonnigen Gemäuer
wäre es meine eigene Kindheit
aber so fehlen auch
Erdsterne und die Birkenpilze
Maronen in stachliger Schale
wäre da nicht ein spielendes Kind
die fremde Sprache verborgen
zwischen den Schweigelippen
alles wäre im Woanders
und nur der Regen rauschte
Verheißung einer Gegenwart
die alle Spuren verwischt.

Meine Sprache

Meine Sprache, aber nicht
die Sprache meiner Mutter
meine Muttersprache, Vatersprache
Vaterland, verlorene Heimat
irgendwo am Alpenrand
wo mich niemand mehr kennt
mein Gesicht, das so fremd
durch die Städte gleitet
der Blick von Auge zu Auge
eine Nebelreise, Gespensterfahrt
kein Geldstück im Beutel
dafür eines auf der Zunge
was ist die Sprache wert,
wenn niemand hören kann.

Jugendstil

Schrank aus vergangener Zeit
Gegenstände und ihre Menschen
im Zimmer eine Geschichte
mit verschlossenen Türen
dazwischen der Innenraum still
abgetragene Kleider von Unbekannten
bin ich selbst die Unbekannte
Schönheit im Widerschein
des ovalen Spiegels
Facettenschliff, Intarsien
sich verjüngende Form
es spricht die Sibylle
erkenne dich selbst.

Dachstube

Ich sammle
meine Einsamkeiten
es entsteht kein Bild
jede Ecke nun besetzt
mit Zeit
und seltsamer Liebe.

Sich fortsetzen

Nordsee

Morgenschritte, Sandbänke
schwarze Vögel im Anflug
blaue Wolken, ein fernes Schiff
Häuser auf der fünften Insel
wie Palisaden am Horizont
Gedanken begehen im Dunst
unterm Deich sich ducken
Souvenirläden, Fischgasthof
das Grün am Grashang
so hoch über den Köpfen
die Messlatte damals
Feuersteine und Muscheln
ertrunken im Schlick.

Wolken I

Nichts als Wolken
lila und schwarz und blau
über dem Deich sich türmend
fließend, wehend
sich verlierend in der Weite
greifbar nah die Insel
das Schiff nur Spielzeug
in der Hand des Windes
Strandfiguren dunkel bunt
in ruhiger Bewegung
das Gemüt still
in der Weite aufgehoben
hinauf zu den Wolken.

Vorgefühl

Als wären wir
heimatlose Steine
irgendwo angeschwemmt
an den Rand der Welt
wo man Muscheln sucht
und die Spuren der Vögel
klein klein bei Ebbe
wenn das Wasser gerinnt
die Füße noch unfrei
in Schuhen verpackt
die Strandkörbe in der Ferne
noch unbewohnt.

Norddeich

Roter Sonnenuntergang
über dem Deich
der Himmel kalt noch
und in den Dünen
der Sand, das Gras
mondfarben und fremd
Spuren letzter Menschen
verschwindend im Abend
die Laternen aufgehend
an den Schwarzwasserteichen
Schatten auf dem Heimweg.

Hüllen

Meinen Alltag abstreifen
wie eine äußere Haut
die Schlange im Gras
ein mäandernder Fluss
aus kalten Schuppen
sich auf die Zunge beißen
Tag für Tag das Gift
ein gewöhnlicher Rausch
aus zischenden Worten
im sonst leeren Becher.

Wachstum

Mairegen, tropfenweise
auf den Rhododendron
ein mildes Narkotikum
für Pflanzen und Tiere
die Pilze sprießen schon
aus allen Köpfen, das Leben
auf die eigene Kappe
Rasen wächst nicht nach
auf den kahlen Stellen.

Oma

Mit der Nachtmütze
im Garten, Irrgarten
die Beete ergründen
barfuß im Regen
Gespräche mit Gespenstern
in ihrem Haus
die Ahnen an der Wand
die Mutter im Grab
immer kürzer der Weg
in die Vergangenheit
immer länger der Gang
ins Nebenzimmer.

Kairós

Gelbe Blumen
den Gartenstreifen füllend
Licht im beginnenden Grau
mein Ich, auf den Stufen ruhend
wie mitten im Schilfrauschen
die Stille sammelt sich
zu fortschwebenden Versen
endlich dem Wind zuhören
hinter dem Ich die grüne Tür
noch geschlossen, ausgeschlossen
der Durchgang in die Zukunft
Fenster, Dachrinnen, Fußböden
die blonde Nachbarin schamlos
den Holunder plündernd
auf der verborgenen Seite.

Blumen im Futur

Unerhört gelb
Blütenblätter ums Gesicht
wie lauschend und tuschelnd
eine kleine Ansammlung
Menschenblumen
auf dem abgesteckten Erdfleck
sich übers Geländer beugend
als würden sie Ausschau halten
nach etwas Kommendem
die Straße aus Dunkel entspringt
noch unbesehen, ungekannt
ein Zug aus grauen Windzehen
Ziffern und Zeichen in der Luft
vorüberziehend ohne Auskunft.

Ausschau halten

Requiem

Laub leuchtet im Grau
Blätter so groß wie Hände
grüßend aus Fernost
am Zaun aufgeschichtete Äste
als Winterquartier für Igel
der alte Apfelbaum gegenüber
zum Sockel gehackt
Töpfe verwelkender Blumen
ein Stamm als Ruhesitz
im imaginären Konzert
Geisterstimmen gewesener Früchte
aufsteigend aus dem Jenseits
eine kleine Eiche.

Bürgerpark

Blattvariationen
in Grün gehalten
halbhoch über dem Erdboden
ein kühles Feuerwerk der Formen
der Tastsinn täuscht sich
zwischen den Spürrillen wie Plastik
belebt von den Wurzeln
verschiedene Versammlungen
von Zungenpflanzen mit Zierrand
im Beet gerecht verteilt
im Sinne der Schönheit.

Lebensrecht

Der Farn eine Blätterfontäne
grüne Brücken ins Nichts
optimistische Aussichten
Pflanzen in den Beeten
Winters her einberufene Versammlungen
in botanischen Dialekten sprechend
eine altbekannte Rhetorik
erdige Knollen verborgen tuschelnd
Salomonssiegel auf die Hand
verbrieftes Recht der kleinen Eiche
nachwachsend ins kommende Leben
die Zeit schließt sich
um den Apfelbaum: mittendrin
ein stumpfer Zuschauer.

Aussicht

Zarte Bläue
über den Stadtgärten
zerfallende Wolken
fortfließende Formen
Reißverschlüsse aus Dampf
und verschwundene Flugzeuge
in der Nebenstraße rauscht
ein Auto in die Stille
die Dachterrassen immer grauer
unter dem Lichtgezwitscher
höher kreisender Schwalben
die Bäume viel zu grün,
um im Süden zu weilen.

Wolkendampf

Weiße Lokomotiven
über dem Teutoburger Wald
von Süden heranbrausend
wie schnaufende Rösser
davor: die drei Dimensionen
plastisch wie in einem Gemälde
des siebzehnten Jahrhunderts
Ahorn, Kirschbaum, Weide
jedes Blatt einzeln abgewogen
und an den Zweigen verteilt
hinten über den Dächern
eine paradoxe abendliche
Helligkeit, wächsern, wachsend
wie mit Kreide gemalt.

Kirschen

Wachstum runder Knöpfe
hellgrün an den Baum genäht
auf kleinen Fühlern steckend
zwischen meinen Fingern
eine Olive mit Bisswunden
um den pelzigen Kern
ich bin doch noch hier
am altvertrauten Fenster
und schaue nach Süden
der Blick reicht nur
zum Krankenhaus und zum gelben Kran
alles im Wandel, im Umbau
verbleibend auf dem selben Fleck.

Wolken II

Fensterseits geschichtet
widerstrebend die Richtungen
dazwischen helle Lücken
hautfarbene Tupfer rosa-orange
bald schon verschwunden
mit wildem, zerrauftem Pinsel
überrauscht, faserig die überlebenden
Formen, später sich auflösend
in der Fläche, ein Licht
im künstlichen Fenster
die Antennen wie Frisiergeräte
für den Himmel, spießen
in die Leere, unberührt
geradlinig bleibend.

Unterm Haus

Wäscheklammern
in frohen Farben wie Vögel
auf den Stromleitungen
festgebissen mit Schnäbeln
bei längerer Betrachtung
wie Drachen gefährlich
eingeschnappte Krokodile
in Erwartung von Beute
die Augen aufgetürmte Spiralen
aus blindem Metall.

Wäschekeller

Glühbirne, baumelnd einst
mit zerzausten Fäden,
ich strecke mich im Liegestuhl
und betrachte meine Füße
verschnürte, grüne Päckchen
herbstliche Brötchen,
ich verschwende Gedanken
unter der Sparlampe
die Sonne des Wiesenbads
an den oberen Bildrand
gemalt und herbeigewünscht
zwischen äußeren Wolken.

Walnüsse

Kleine Gehirne,
eine zu knackende Aufgabe
für den Winterabend,
duftende Windungen
und trockener Humor,
die Schalen auf dem Tisch
wie geduckte Schildkröten
auf dem Weg zur Arbeit.

*Wangerooge: Zehn Gesänge
(2.–12. Oktober 2015)*

Erster Gesang

Die Füße am Spülsaum
Fundstücke aufspüren
im Sand Treibholz
gestrandet die Farben
Muscheln finden mit Blicken
von Welle zu Welle gleiten
die Zeit vergessen bis man
umzingelt liegt von Flut
den Körper auf der Sandbank
als gehöre er einer Robbe
ohne Mutter und ohne Vater
Kind des Nordseeschaums
pelzige Frucht der Gezeiten
alles Vergängliche bleibt
nur ein Gleichnis
die Strandburg, die Düne
die wandernde Insel
mit mäandernden Prielen
die Ziele am Horizont
weit und kaum sichtbar
Windjammer und Container
alt und neu sich begegnen
wie fremde Menschen
am ausweglosen Grund.

Zweiter Gesang

Besucher wie Treibgut
auf der Insel gestrandet
verspätete Gäste vor dem Winter
in sanfte Seenot geraten
mit den Füßen im Wasser
das Band der Gedanken
vor der gerunzelten Stirn
beißen ins Dünengras
sitzen im Glashaus und
werfen mit Sand
treffen die Möwen
auf den roten Schnabelpunkt.

Dritter Gesang

Die Wange im Wind
Augen seewärts gewendet
das Haar mit Salz gewürzt
zwischen den Zehen die Fische
kleine durchsichtige Krebse
die Dünen liegen grün
Farbschichten abgestuft
eine Skala der Töne
vom Kopf bis zu den Füßen
über den Horizont hinaus
die Wolken in Bewegung
in kleinen dampfigen Fetzen
Möwen in aller Welt
lösen sich in Luft auf
auch meine dunkle Gestalt
und die bunten Spaziergänger
aufgereiht auf den Fluchtlinien
temporäre Strandsiedler
Ballspieler, Korbsitzer
Fernschauer in schweren Schuhen
oder aufgeschürzter Kleidung
der Mond wird uns
nach Hause holen
in die Gefilde der Nacht
der Leuchtturm schläft
und die Schiffe ...

Vierter Gesang

Im Haar Seesand und
den Geruch des Salzes
warum bist du nur so schön
dass ich dich liebe
und du mir wehtust
die Hände ineinander
verkrampft am Wassersaum
halt mich fest
und lass mich los
ich gehe weg
und du bleibst da
einmal das tun,
wonach der Bauch verlangt
wo bleibt das Innenleben
und die Sehnsucht
einmal nur schauen
ohne zu nehmen
einmal sich unterhalten
ohne anzuklagen
ich schreie nach Freiheit
wie eine durstige Möwe
so viel Wasser um mich
lässt mich doch unerfüllt
die Schiffe ziehn weiter
wir bleiben zurück
am Ende doch allein

inmitten all der Flut
von Dingen und Menschen
die Hände aneinander
geklammert, den Blick
in unterschiedliche Richtungen
ich werde dich nicht auf immer
begleiten, du wirst gehen
mit Trotz und schlechtem Gewissen
vielleicht, die Taschen
voll Spielzeug und das Herz
doch leer, das Geld im Sand
die zweifelnden Mienen
verurteilt mich nur alle
es interessiert mich nicht
mein Leben liegt im Wort
begraben, das hier ist nur
ein Schemen,
in dem die Stimme wohnt
ohne singen zu dürfen
einmal nur wegfließen
ins Meer, unheimliche See
der Gefühle, darauf das Wort
wasserschwer treibend
sich in Zeilen verfangend und
am Spülsaum aufgelesen
von Strandläufern oder Insulanern

das Wort
fortgerissen von der Flut
vertrocknet bei durstiger Ebbe
verschlungen von gefräßigen Möwen
verspottet von den Eiderenten
fortgestoßen von den Tümmlern
ein Spielball der Robben
in ihren Mietunterkünften
auf wandernder Sandbank
nichts bleibt wie es ist.

Fünfter Gesang

Schreiben bei Nacht
mit geöffneten Ventilen
ihr schlaft und wisst nichts
von meinen wachen Träumen
Schreiben mit Lust
Wärme in den Gliedern
schöne Bilder
vor den schattigen Augen
der Tag scheint in mir
noch so hell, all
das sandfarbene Nebelsanft
die grüngelockten Dünen
die winzigen Mooshügel
zwischen den Dachziegeln
das rotflammende Weinlaub
geschmiegt um die Fenster
aufleuchtend noch einmal
um herabzuregnen leicht
wie dünne Lederhände
sich niederlassend auf den
Grasrand im Vorgarten
ein Blatt überfliegt die Grenze
des freundlichen Zauns
bleibt liegen im Sonnenschein.

Sechster Gesang

Stille umweht das Haus
in der Ferne das Rauschen
die weißen Mähnen der Wellen
das Gebrüll der Brandung
darüber der Leuchtturm
lichterbekränzter Behüter
der ostwandernden Insel
sandfarbenes Auge
aus dem die Tränen rinnen
als seien sie kleine Flüsse
Priele mit Strandflöhen
an den Rändern ein Kind
mit Stiefeln und Kescher
die Bilder des Tages
hinübergleitend in die Nacht
wie Seelenphotographien
eingerahmt vom Blick
untrüglich und betrübt
von gelegentlichen Wolken
sich wieder befreiend
die Reise geht weiter
ins Leben hinein
über den Horizont hinaus
Ebenen verschmelzend
im Lesen von Muscheln
mit ihren Mänteln aus Kalk

Rille um Rille gewachsen
im Inneren das Tier
zu weich ohne Schale
die Glanzperle im Magen
kostbar verborgen
im Meer der Empfindungen.

Siebter Gesang

Schaumkraut und Hagebutten
in der Vase auf dem Tisch
ein unförmiger Apfel
von Eva vergessen
von Adam verschmäht
ich brauche kein Paradies
um glücklich zu sein
ich umkreise die Vase
mit ihrem Farbenrund
berühre die staubige Glätte
ein Schluck aus dem Becher
für mich, gebrochene Blume
aus südlichen Wiesen.

Achter Gesang: Östliche Insel

Über der Wange
das Auge, die Brandung
bewegtes Wimpernweiß
die Iris aus Sandkristall
durchdrungen von Strandhafer
umhergetriebene Muscheln
Öffnen und Schließen
im Gezeitenrhythmus
die Tränenflut rundherum
davonziehende Ebbe
das Antlitz salzige Priele
die Häuser verschwunden
im Sog der Pupille
schönes, wildes Auge
wie liebe ich deine Strände
darüber die Schifflinien
mehrfache Augenbrauen
wie liebe ich die Lagune
am unteren Lidrand
deine ausgesendeten Fähren
wie immer erwiderte Blicke
an mutige Inselliebhaber
in deine Weiten steigend
mit nackter Haut
Tag für Tag auf der Suche
nach dem Augenblick.

Neunter Gesang: Friedrich-August-Straße

Der Feigenbaum an der Mauer
von Milde zeugend
das flammende Weinlaub
am alten Inselhaus
der Steingarten, grünes Gras
die unsichtbaren Skulpturen
deren Flüsterstimmen im Wind
als würden sie umherwandeln
wie Gäste in einem Kurbad
aus einer früheren Epoche
im letzten Sonnenschein
vor der Sturmflut.

Zehnter Gesang: Wangerooge

Sandiges Eiland
muscheltragender Strand
östlich wandernd
der Morgensonne entgegen
die Schiffe im Blick
in Reihen am Horizont
vor dem Kuchenrondell
und der Uhr mit Menschenzeit
in weichen Dünen einstürzend
geht es zur Brandung hinab.

Inhalt

Graue Vorzeiten

Ende des Winters	7
Kirschblüte	8
Starnberger See	9
Hotel Kaiserin Elisabeth	10
Selbstgespräche	11
Trüber Tag	12
Spaziergang	13
Haushalt	14
Obersee	15
Wohnblöcke	16

Tagebuch einer Ankunft

Alltagslied	19
Vita nuova	20
Schlafstunden	21
Mein Kind	22
Ankunft	23
Dada 2011	24
Putto	25
Visitenkarte	26
Erste Leidenschaft	27
Auszug der Bücher	28
Ehemals: Liebe	29
Schnuller auf dem Asphalt	30

Unbeschriebene Blätter

Ferne	33
Gruß an Horaz	34
Kirschbaum, für mich	35
Ende des Tages	36
Postkarte aus Turin	37
Vergangene Jugend	38
Selbstzeugnis	39
Große Elegie	40
Maulwurfgleichnis	42
Pomeriggio	43
Ballade	44
Kleine Freuden	45

In der Welt sein

Regen	49
Föhnwind	50
Zwischenzeit	51
Muttergefühl	52
Spielplatz Welt	53
Siegfriedplatz	54
Morgendämmerung	56
Schneeschmelze	57
Osterspaziergang	58
Frühling	59
Ineffabile	60
Kirschbaumruhe	61
Reif werden	62

Erkundungen

Neue Zeit	65
Spielplatz	66
Dunkle Fahrt	67
Lesen	68
Regentag	69
Später Rückweg	70
Alter Baum	71
Hinterer Garten	72
Holunder	73
Begegnung	74
Bismarckstraße	75
Meine Sprache	76
Jugendstil	77
Dachstube	78

Sich fortsetzen

Nordsee	81
Wolken I	82
Vorgefühl	83
Norddeich	84
Hüllen	85
Wachstum	86
Oma	87
Kairós	88
Blumen im Futur	89

Ausschau halten

Requiem	93
Bürgerpark	94
Lebensrecht	95
Aussicht	96
Wolkendampf	97
Kirschen	98
Wolken II	99
Unterm Haus	100
Wäschekeller	101
Walnüsse	102

Wangerooge: Zehn Gesänge (2.–12. Oktober 2015)

Erster Gesang	105
Zweiter Gesang	106
Dritter Gesang	107
Vierter Gesang	108
Fünfter Gesang	111
Sechster Gesang	112
Siebter Gesang	114
Achter Gesang: Östliche Insel	115
Neunter Gesang: Friedrich-August-Straße	116
Zehnter Gesang: Wangerooge	117

Erica Natale wurde 1973 in Turin/Italien geboren. Abitur und Studium der Germanistik und Italianistik in Augsburg. Seit 2004 lebt und schreibt sie in Bielefeld.

Vier Gedichtbände sowie das „Buch der Tagträume. Erzählungen" (Wiesenburg 2017), ferner Texte in der Anthologie des Schwäbischen Literaturpreises (2012 und 2015), in Bielefelder Zeitschriften (*Tentakel, Drosophila, Siggi-Magazin*), auf „Lesefutter" sowie beim „Literaturautomat Basel".

Sonderpreisträgerin des Hildesheimer Lyrikwettbewerbs 2009, „Poesiealbum *neu*"-Preis 2017 der Gesellschaft für zeitgenössische Lyrik in Leipzig für das in diesem Band abgedruckte Gedicht „Neue Zeit".

Erica Natale

Buch der Tagträume

Erzählungen

124 Seiten, Softcover
ISBN 978-3-95632-416-1
12,80 €

In den kurzen Prosatexten zeigt das Ich die verschiedenen Möglichkeiten seines imaginären Daseins. Halb autobiografisch, halb surreal entfalten diese erzählenden Wortkunstwerke ihren eigentümlichen Reiz. Zwischen Leben und Fantasie, zwischen Wirklichkeit und Traum schweben die Geschichten und führen den Leser hinaus aus dem Alltag, hinein in eine Welt der Poesie.
Zwei Liebende halten einander noch die Hände, die Zeit aber wartet nicht. Über den hellgelben Segeln sammeln sich kleine Wolkenherden mit ihren verwirbelten Löckchen. Brich auf zu deiner Reise, sagt dieser Tag, die fernen Gestade rufen.

Wiesenburg Verlag